Impressum
Verlag: BABADADA GmbH, Nedderfeld 112 , 22529 Hamburg
Geschäftsführer / Verlagsleitung: Harald Hof
Druck: Books on Demand GmbH, In de Tarpen 42, 22848 Norderstedt

Imprint
Publisher: BABADADA GmbH, Nedderfeld 112 , 22529 Hamburg, Germany
Managing Director / Publishing direction: Harald Hof
Print: Books on Demand GmbH, In de Tarpen 42, 22848 Norderstedt

Schuel
σχολείο

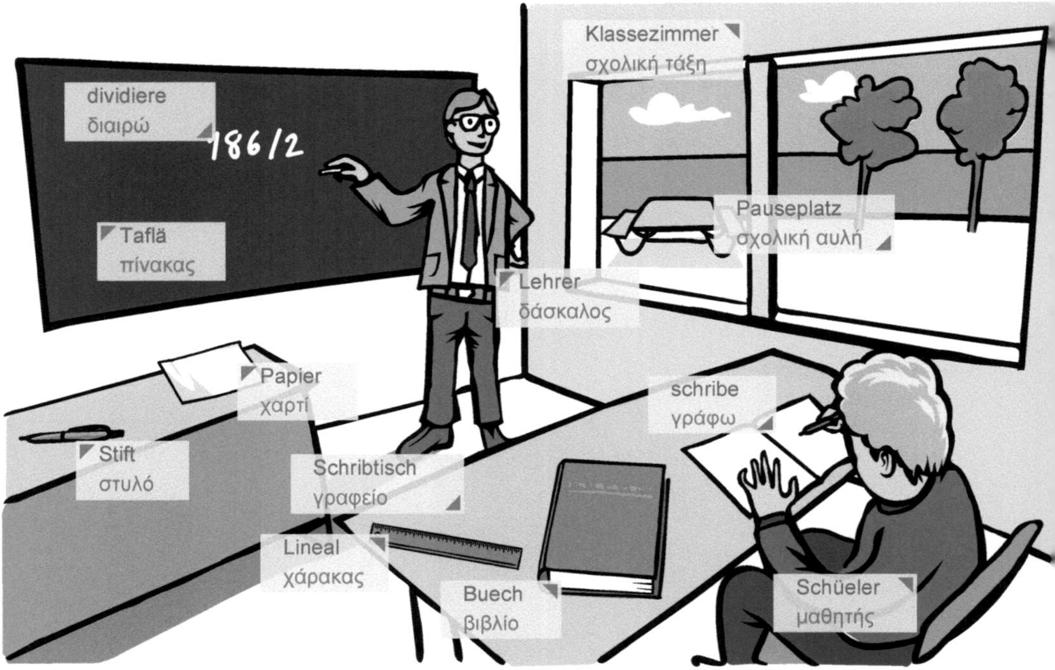
Klassezimmer
σχολική τάξη
dividiere
διαιρώ
186/2
Taflä
πίνακας
Pauseplatz
σχολική αυλή
Lehrer
δάσκαλος
Papier
χαρτί
schribe
γράφω
Stift
στυλό
Schribtisch
γραφείο
Lineal
χάρακας
Buech
βιβλίο
Schüeler
μαθητής

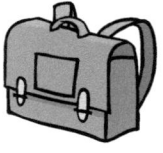

Thek

σχολική τσάντα

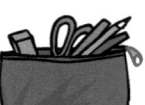

Etui

κασετίνα/ μολυβοθήκη

Bleistift

μολύβι

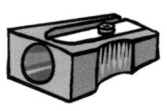

Spitzer

ξύστρα

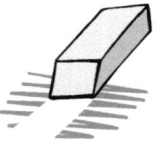

Radiergummi

γόμα

Zeicheblock

μπλοκ ζωγραφικής

Zeichnig

ζωγραφική

Pinsel

πινέλο

Malchaschte

κουτί χρωμάτων

Schär

ψαλίδι

Liim

κόλλα

Üebigsheft

τετράδιο ασκήσεων

Huusufgabe

εργασία για το σπίτι

Zahl

αριθμός

addiere

προσθέτω

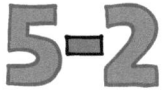

subtrahiere

αφαιρώ

multipliziere

πολλαπλασιάζω

rächne

υπολογίζω

Buechstabe

γράμμα

Alphabet

αλφάβητο

Wort

λέξη

Text

κείμενο

läse

διαβάζω

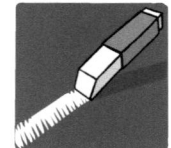

Kriide

κιμωλία

Lektion

μάθημα

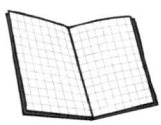

Klassäbuech

εγγράφομαι

Prüefig

τεστ

Zügnis

πιστοποιητικό

Schueluniform

μαθητική στολή

Usbildig

εκπαίδευση

Enzyklopädie

εγκυκλοπαίδεια

Universität

πανεπιστήμιο

Mikroskop

μικροσκόπιο

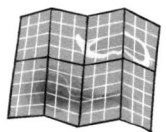

Charte

χάρτης

Papierchorb

καλάθι αχρήστων

Hotel
ξενοδοχείο

Grand

Härbärg
ξενώνας

ROOMS

EXCHANGE

Wächselstube
ανταλλακτήρια συναλλάγματος

Koffer
βαλίτσα

Auto
αυτοκίνητο

Sprach
γλώσσα

jo / nei
ναι / όχι

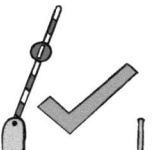

okay
εντάξει

Hallo
γεια σου

Dolmetscher
μεταφραστής

Dankä
Ευχαριστώ

Was chostet...?
πόσο κάνει ;

Ich vrstahs nöd
Δε καταλαβαίνω

Problem
πρόβλημα

Guete Abig!
Καλησπέρα!

guete Morgä!
Καλημέρα!

guete Abig!
Καληνύχτα!

Uf Wiederseh
Αντίο

Richtig
κατεύθυνση

Bagaasch
αποσκευές

Täsche
τσάντα

Rucksack
σακίδιο πλάτης

Gast
καλεσμένος

Ruum
δωμάτιο

Schlafsack
υπνόσακος

Zält
σκηνή

Touristeninformation

τουριστικές πληροφορίες

Strand

παραλία

Kreditkarte

πιστωτική κάρτα

Zmorge

πρωινό

Zmittag

μεσημεριανό

Znacht

δείπνο

Billet

εισιτήριο

Ufzug

ανελκυστήρας

Briefmarke

γραμματόσημο

Gränze

σύνορα

Zoll

τελωνείο

Botschaft

πρεσβεία

Visum

βίζα

Pass

διαβατήριο

Transport

μεταφορά

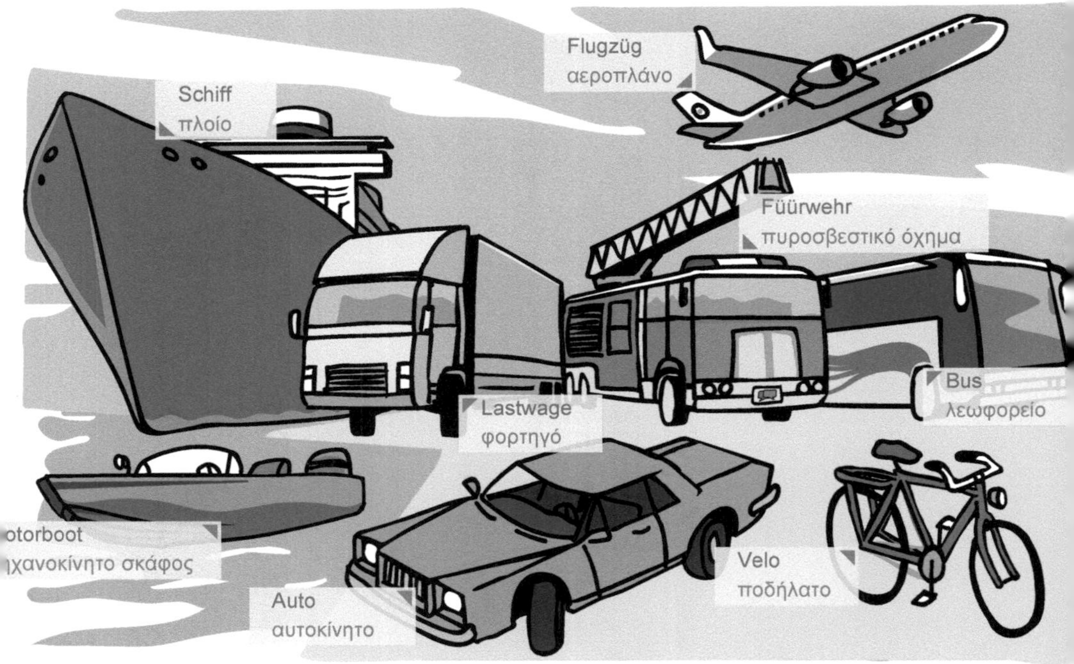

Flugzüg
αεροπλάνο
Schiff
πλοίο
Füürwehr
πυροσβεστικό όχημα
Bus
λεωφορείο
Lastwage
φορτηγό
otorboot
ιχανοκίνητο σκάφος
Velo
ποδήλατο
Auto
αυτοκίνητο

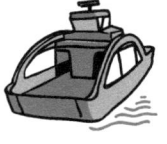

Fähri

φεριμπότ

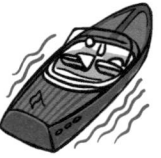

Boot

βάρκα

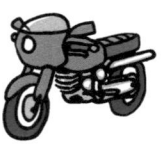

Töff

μοτοσικλέτα

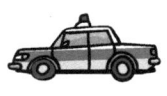

Polizeiauto

περιπολικό

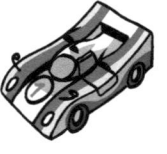

Rännauto

αγωνιστικό αυτοκίνητο

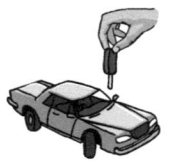

Mietwage

ενοικιαζόμενο αυτοκίνητο

Carsharing

διαμοιρασμός αυτοκινήτων

Abschleppwage

γερανός

Chübelwage

απορριμματοφόρο

Motor

κινητήρας

Benzin

καύσιμο

Tankstell

βενζινάδικο

Verkehrsschild

πινακίδα σήμανσης

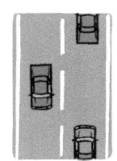

Verchehr

κυκλοφορία

Stau

κυκλοφοριακή συμφόρηση

Parkplatz

χώρος στάθμευσης

Bahnhof

σιδηροδρομικός σταθμός

Schiene

σιδηροδρομικές γραμμές

Zug

τρένο

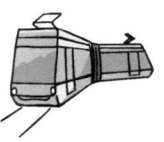

Strassebahn

τραμ

Wagon

βαγόνι

Helikopter

ελικόπτερο

Flughafe

αεροδρόμιο

Tower

πύργος

Passagier

επιβάτης

Container

εμπορευματοκιβώτιο

Karton

χαρτοκιβώτιο

Chare

καρότσι

Korb

καλάθι

starte / lande

απογειώνομαι /
προσγειόνομαι

Stadt

πόλη

Dorf

χωριό

Stadtzentrum

κέντρο της πόλης

Huus

σπίτι

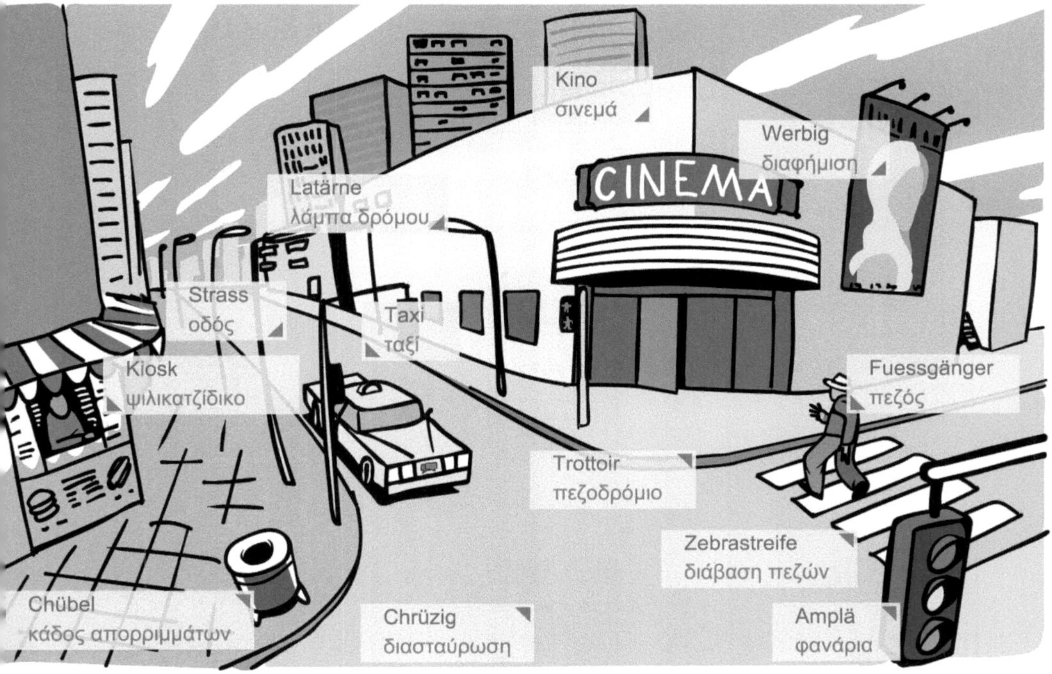

Kino
σινεμά
CINEMA
Werbig
διαφήμιση
Latärne
λάμπα δρόμου
Strass
οδός
Taxi
ταξί
Kiosk
ψιλικατζίδικο
Fuessgänger
πεζός
Trottoir
πεζοδρόμιο
Zebrastreife
διάβαση πεζών
Chübel
κάδος απορριμμάτων
Chrüzig
διασταύρωση
Amplä
φανάρια

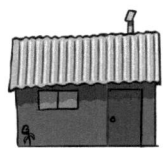

Hütte

καλύβα

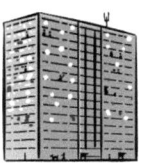

Wohnig

διαμέρισμα

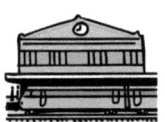

Bahnhof

σιδηροδρομικός σταθμός

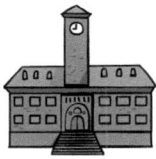

Gmeindshuus

δημαρχείο

MUSEUM

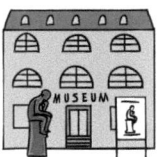

Museum

μουσείο

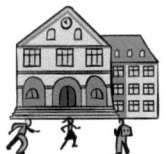

Schuel

σχολείο

Universität

πανεπιστήμιο

Bank

τράπεζα

Spital

νοσοκομείο

Hotel

ξενοδοχείο

Apotheke

φαρμακείο

Büro

γραφείο

Buechgschäft

βιβλιοπωλείο

Gschäft

κατάστημα

Bluemelade

ανθοπωλείο

Läbensmittellade

σούπερ μάρκετ

Märt

αγορά

Chaufhuus

πολυκατάστημα

Fischhändler

ιχθυοπωλείο

Iihkaufszentrum

εμπορικό κέντρο

Hafe

λιμάνι

Park

πάρκο

Bank

παγκάκι

Brugg

γέφυρα

Stäge

σκάλες

U-Bahn

μετρό

Tunnell

τούνελ

Bushaltestell

στάση λεωφορείου

Bar

μπαρ

Restaurant

εστιατόριο

Briefchastä

γραμματοκιβώτιο

Strasseschild

πινακίδα δρόμου

Parkuhr

παρκόμετρο

Zolli

ζωολογικός κήπος

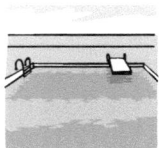

Badi

πισίνα

Moschee

τζαμί

Buurehof

αγρόκτημα

Umwältvrschmutzig

ρύπανση

Fridhof

νεκροταφείο

Chile

εκκλησία

Spielplatz

παιδική χαρά

Tämpel

ναός

Landschaft

τοπίο

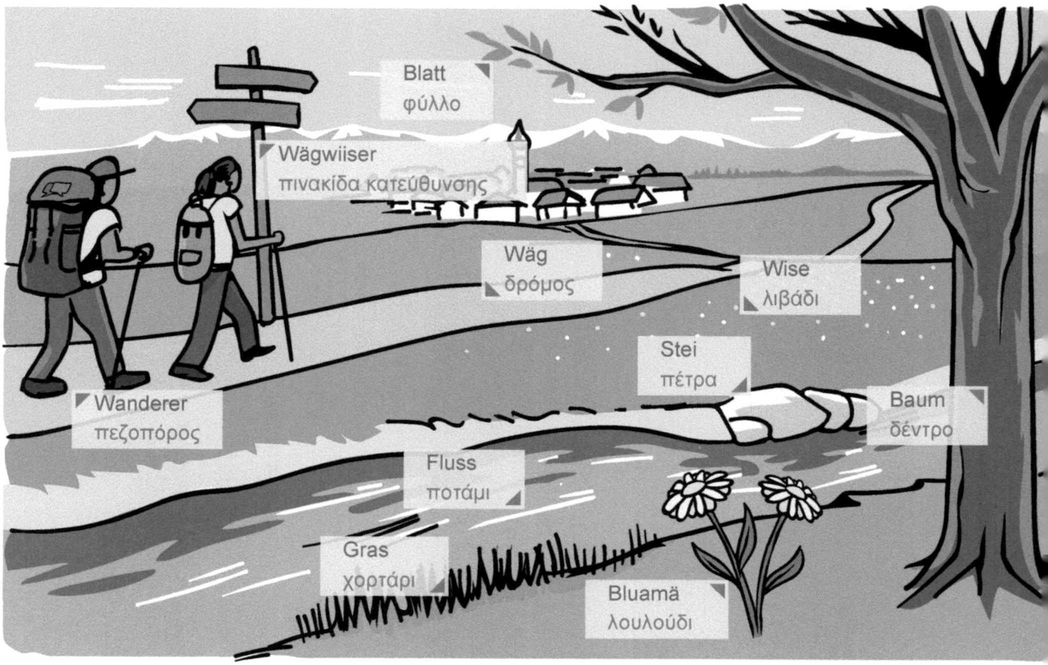

Blatt
φύλλο

Wägwiiser
πινακίδα κατεύθυνσης

Wäg
δρόμος

Wise
λιβάδι

Stei
πέτρα

Wanderer
πεζοπόρος

Baum
δέντρο

Fluss
ποτάμι

Gras
χορτάρι

Bluamä
λουλούδι

Tal

κοιλάδα

Bärg

λόφος

See

λίμνη

Wald

δάσος

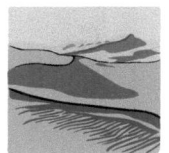

Wüeschti

έρημος

Vulkan

ηφαίστειο

Schloss

κάστρο

Rägeboge

ουράνιο τόξο

Pilz

μανιτάρι

Palme

φοίνικας

Moskito

κουνούπι

Fliege

μύγα

Ameise

μυρμήγκι

Biendli

μέλισσα

Spinne

αράχνη

Chäfer

σκαθάρι

Frosch

βάτραχος

Eichhörnli

σκίουρος

Igel

σκαντζόχοιρος

Haas

λαγός

Üle

κουκουβάγια

Vogu

πουλί

Schwan

κύκνος

Wildschwein

αγριογούρουνο

Hirsch

ελάφι

Elch

άλκη

Damm

φράγμα

Windturbine

ανεμογεννήτρια

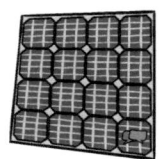

Sunnekollektor

ηλιακός συλλέκτης

Klima

κλίμα

Restaurant
εστιατόριο

Chällner
σερβιτόρος

Spiischartä
κατάλογος

Stuehl
καρέκλα

Suppä
σούπα

Pizza
πίτσα

Bsteck
μαχαιροπίρουνα

Tischdecki
τραπεζομάντιλο

Vorspiies

ορεκτικό

Hauptgricht

κύριο πιάτο

Dessert

επιδόρπιο

Getränk

ποτά

Läbensmittel

φαγητό

Fläsche

μπουκάλι

Fast Food

φαστ φουντ

Street Food

φαγητό στ' όρθιο

Teechanne

τσαγιέρα

Zuckerdosä

δοχείο ζάχαρης

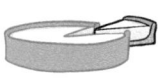

Portion

μερίδα

Espressomaschine

μηχανή εσπρέσο

Hochstuehl

ψηλή καρέκλα

Rächnig

λογαριασμός

Tablett

δίσκος

Mässer

μαχαίρι

Gable

πιρούνι

Löffel

κουτάλι

Teelöffel

κουταλάκι του τσαγιού

Serviette

πετσέτα φαγητού

Glas

ποτήρι

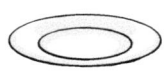

Täller

πιάτο

Suppetällär

πιάτο σούπας

Untertasse

πιατάκι φλιτζανιού

Sose

σάλτσα

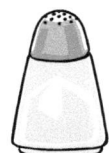

Salzstreuer

αλατιέρα

Pfäffermühli

μύλος για πιπέρι

Essig

ξύδι

Öl

λάδι

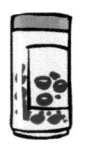

Gwürz

μπαχαρικά

Ketchup

κέτσαπ

Sänf

μουστάρδα

Mayonnaise

μαγιονέζα

Läbensmittellade

σούπερ μάρκετ

Ahgebot
προσφορά
FOR
Chund
πελάτης
Milchprodukt
γαλακτοκομικά προϊόντα
Frücht
φρούτα
lichaufswage
καρότσι για ψώνια

BUTCHERS

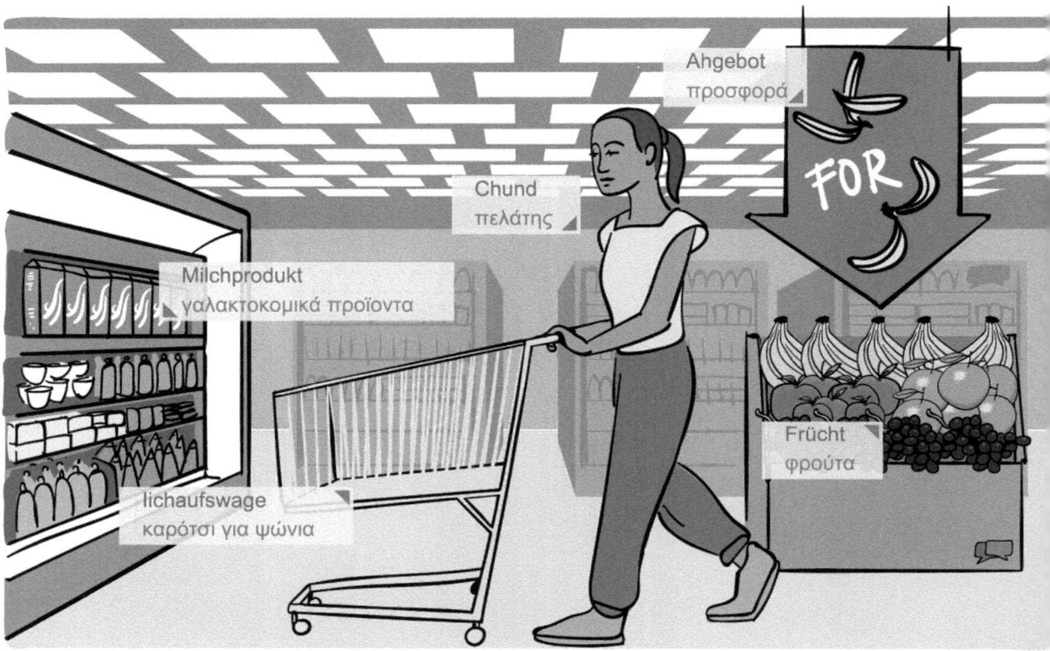

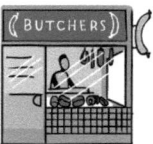

Schlachter

κρεοπωλείο

BAKERY

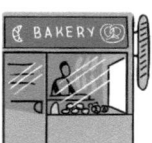

Beck

φούρνος

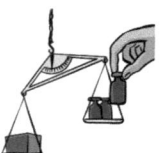

wiege

ζυγίζω

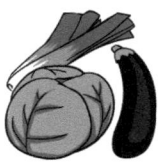

Gmües

λαχανικά

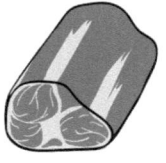

Fleisch

κρέας

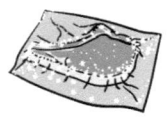

Tiefkühlprodukt

κατεψυγμένα τρόφιμα

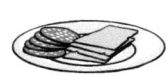

Ufschnitt

αλλαντικά

die Konsärve

κονσερβοποιημένη τροφή

Wöschmittel

απορρυπαντικό ρούχων

Süessigkeite

γλυκά

Huushaltartikel

οικιακά είδη

Putzmittel

καθαριστικά προϊόντα

Verchäuferin

πωλήτρια

Kassä

ταμείο

Kassierer

ταμίας

Ihchaufsliste

λίστα για ψώνια

Öffnigszite

ωράριο λειτουργίας

das Portemonnaie

πορτοφόλι

Kreditkarte

πιστωτική κάρτα

Täsche

τσάντα

Plastiksack

πλαστική σακούλα

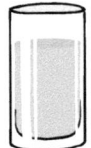

Wasser

νερό

Saft

χυμός

Milch

γάλα

Cola

κόκα κόλα

Wii

κρασί

Bier

μπίρα

Alkohol

αλκοόλ

Ovi

κακάο

Tee

τσάι

Kafi

καφές

Espresso

εσπρέσο

Cappuccino

καπουτσίνο

Banane

μπανάνα

Öpfel

μήλο

Orange

πορτοκάλι

Melone

πεπόνι

Zitrone

λεμόνι

Rüebli

καρότο

Chnoobli

σκόρδο

Bambus

μπαμπού

Zwiblä

κρεμμύδι

Pilz

μανιτάρι

Nüss

ξηροί καρποί

Nudle

νουντλς

Spaghetti

μακαρόνια

Riis

ρύζι

Salat

σαλάτα

Pommfrit

πατατάκια

Bratherdöpfel

τηγανητές πατάτες

Pizza

πίτσα

Hamburgär

χάμπουργκερ

Sandwich

σάντουιτς

Gotlett

κοτολέτα

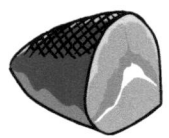

Schinkä

ζαμπόν

Salami

σαλάμι

Würschtli

λουκάνικο

Huehn

κοτόπουλο

Bratä

ψητό

Fisch

ψάρι

Haferflocke

χυλός βρώμης

Müesli

μούσλι

Cornflakes

κορν φλέικς

Mähl

αλεύρι

Gipfeli

κρουασάν

Brötli

ψωμάκι

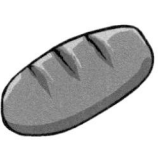

Brot

ψωμί

Toscht

τοστ

Guetzli

μπισκότα

Butter

βούτυρο

Quark

τυρόπηγμα

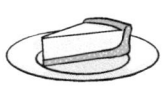

Chueche

κέικ

Ei

αυγό

Spiegelei

τηγανητό αυγό

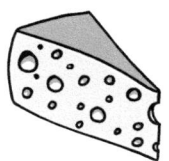

Chäs

τυρί

Glace

παγωτό

Zucker

ζάχαρη

Honig

μέλι

Gonfi

μαρμελάδα

Nougat-Creme

άλλειμμα σοκολάτας

Curry

κάρυ

Buurehof
αγρόκτημα

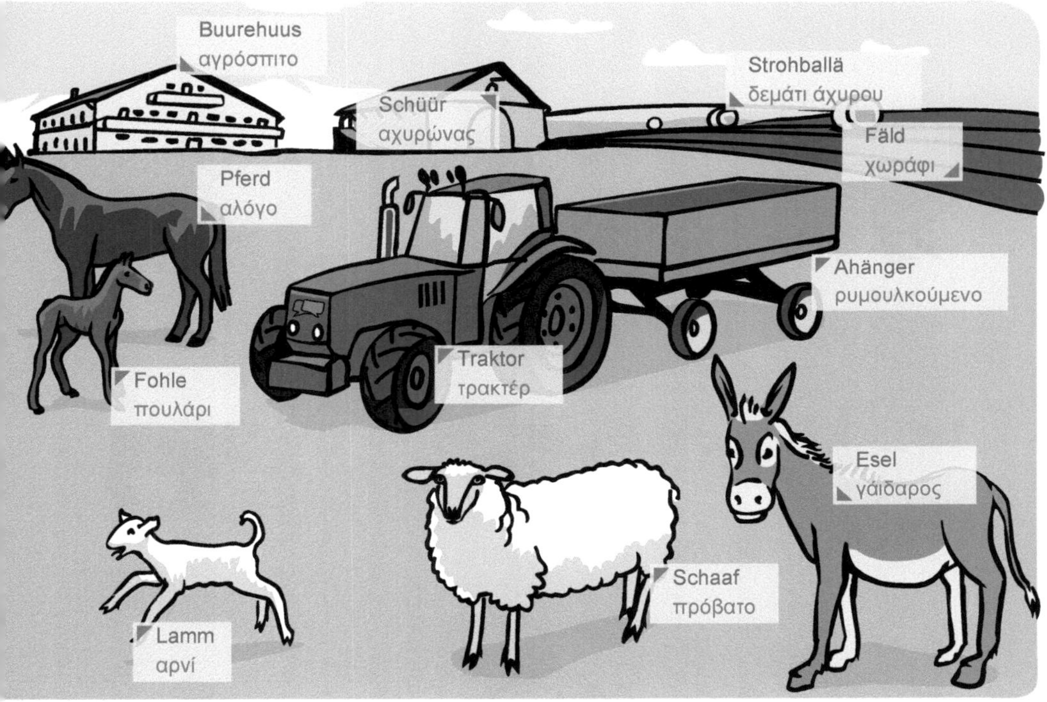
Buurehuus
αγρόσπιτο
Schüür
αχυρώνας
Strohballä
δεμάτι άχυρου
Fäld
χωράφι
Pferd
αλόγο
Ahänger
ρυμουλκούμενο
Traktor
τρακτέρ
Fohle
πουλάρι
Esel
γάιδαρος
Schaaf
πρόβατο
Lamm
αρνί

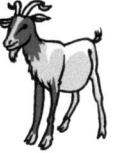

Geiss
κατσίκα

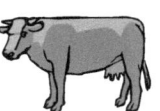

Chueh
αγελάδα

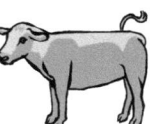

Chalb
μοσχαράκι

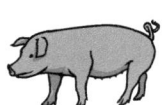

Sau
γουρούνι

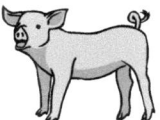

Ferkel
γουρουνάκι

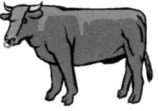

Rind
ταύρος

Gans

χήνα

Änte

πάπια

Küke

κοτοπουλάκι

Huähn

κότα

Güggel

κόκορας

Ratte

αρουραίος

Chatz

γάτα

Muus

ποντίκι

Ochse

βόδι

Hund

σκύλος

Hundehütte

σπιτάκι σκύλου

Garteschluuch

λάστιχο κήπου

Giesschanne

ποτιστήρι

Sägese

θεριστήρι

Pflueg

αλέτρι

Buurehof - αγρόκτημα

Sichel

δρεπάνι

Hacke

τσάπα

Heugable

δίκρανο

Axt

τσεκούρι

Garette

χειράμαξα

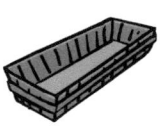

Trog

ταΐστρα

Milchchanne

δοχείο γάλακτος

Sack

σάκος

Haag

φράχτης

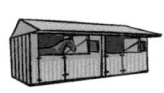

Gadä

στάβλος

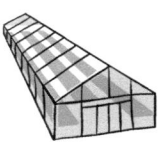

Gwächshuus

θερμοκήπιο

Bode

έδαφος

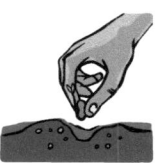

Soome

σπόρος

Dünger

λίπασμα

Mähdrescher

θεριζοαλωνιστική μηχανή

ärnte

θερίζω

Ärnte

συγκομιδή

Yamswurzle

γιαμς

Weize

σιτάρι

Soja

σόγια

Härdöpfel

πατάτα

Mais

καλαμπόκι

Raps

κράμβη

Obstbaum

οπωροφόρο δέντρο

Maniok

μανιόκα

Getreide

δημητριακά

Huus

σπίτι

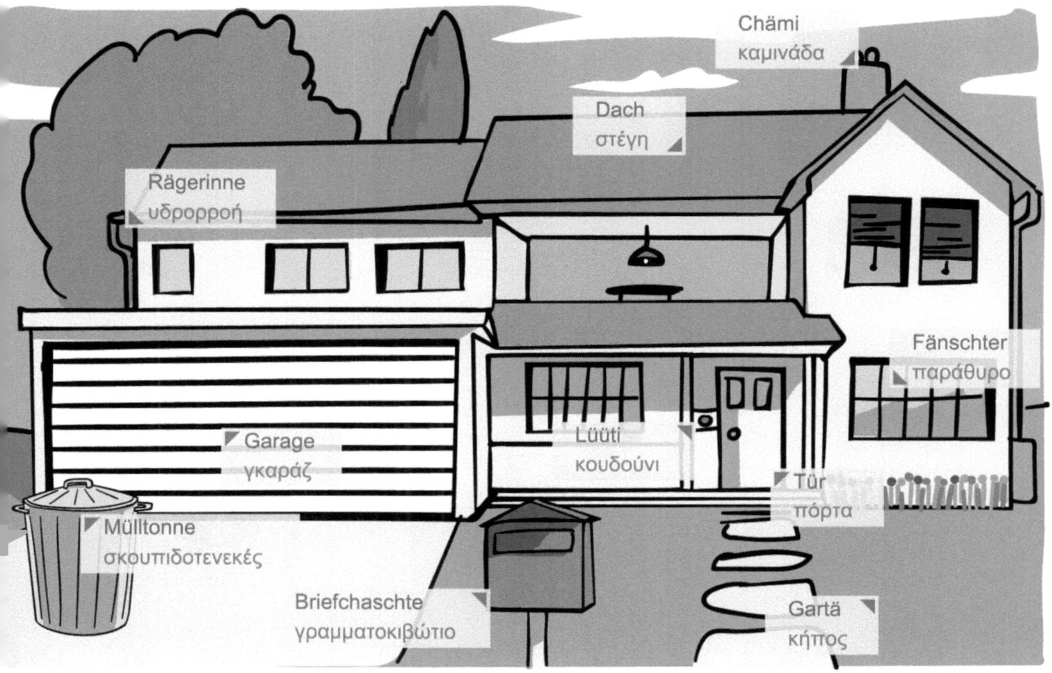
Chämi
καμινάδα
Dach
στέγη
Rägerinne
υδρορροή
Fänschter
παράθυρο
Garage
γκαράζ
Lüüti
κουδούνι
Tür
πόρτα
Mülltonne
σκουπιδοτενεκές
Briefchaschte
γραμματοκιβώτιο
Gartä
κήπος

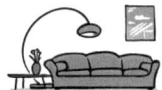

Stubä

σαλόνι

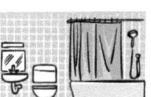

Badzimmer

μπάνιο

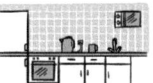

Chuchi

κουζίνα

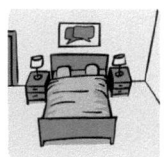

Schlofzimmer

υπνοδωμάτιο

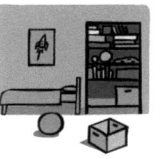

Chinderzimmer

παιδικό δωμάτιο

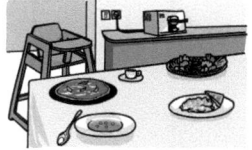

Ässzimmer

τραπεζαρία

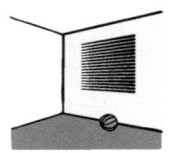

Bodä

πάτωμα

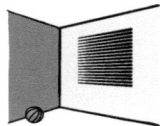

Wand

τοίχος

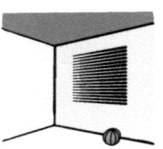

Decki

οροφή

Chäller

κελάρι

Sauna

σάουνα

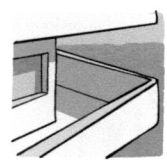

Balkon

μπαλκόνι

Terasse

βεράντα

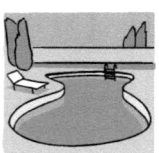

Pool

πισίνα

Rasemäier

μηχανή του γκαζόν

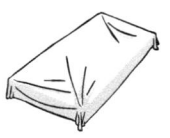

Bettbezug

σεντόνι

Bettdecki

κάλυμμα κρεβατιού

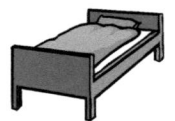

Bett

κρεβάτι

Bäse

σκούπα

Chübel

κουβάς

Schalter

διακόπτης

Stubä
σαλόνι

Tapete
ταπετσαρία
Bild
φωτογραφία
Lampä
λάμπα
Regal
ράφι
Schrank
ντουλάπι
Färnseh
τηλεόραση
Kamin
τζάκι
Bluamä
λουλούδι
Chüssi
μαξιλάρι
Sofa
καναπές
Vasä
βάζο
Färnbedienig
τηλεκοντρόλ

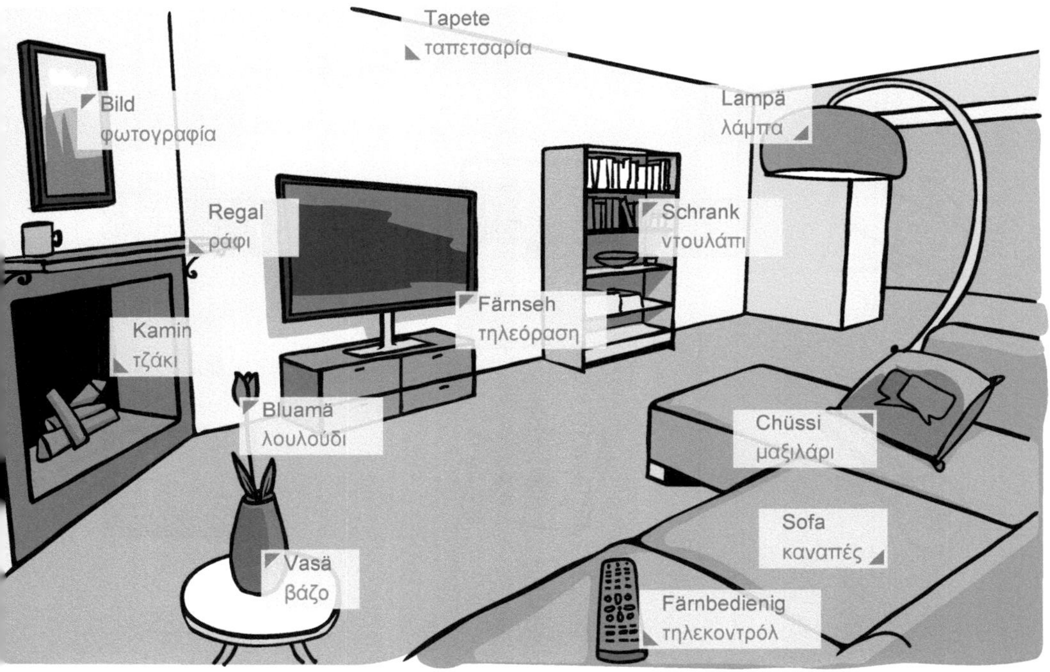

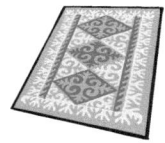

Teppich

χαλί

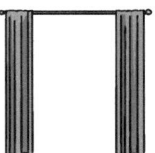

Vorhang

κουρτίνα

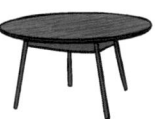

Tisch

τραπέζι

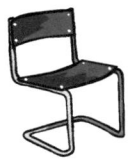

Stuehl

καρέκλα

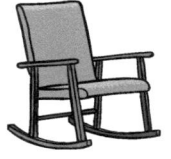

Schaukelstuehl

κουνιστή πολυθρόνα

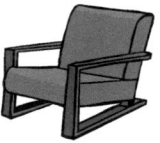

Sässel

πολυθρόνα

Buech

βιβλίο

Decki

κουβέρτα

Dekoration

διακόσμηση

Füürholz

καυσόξυλα

Film

ταινία

Stereoahlag

στερεοφωνικό σύστημα

Schlüssel

κλειδί

Ziitig

εφημερίδα

Bild

πίνακας ζωγραφικής

Poster

αφίσα

Radio

ραδιόφωνο

Notizblock

σημειωματάριο

Staubsuuger

ηλεκτρική σκούπα

Kaktus

κάκτος

Chärze

κερί

Chuchi
κουζίνα

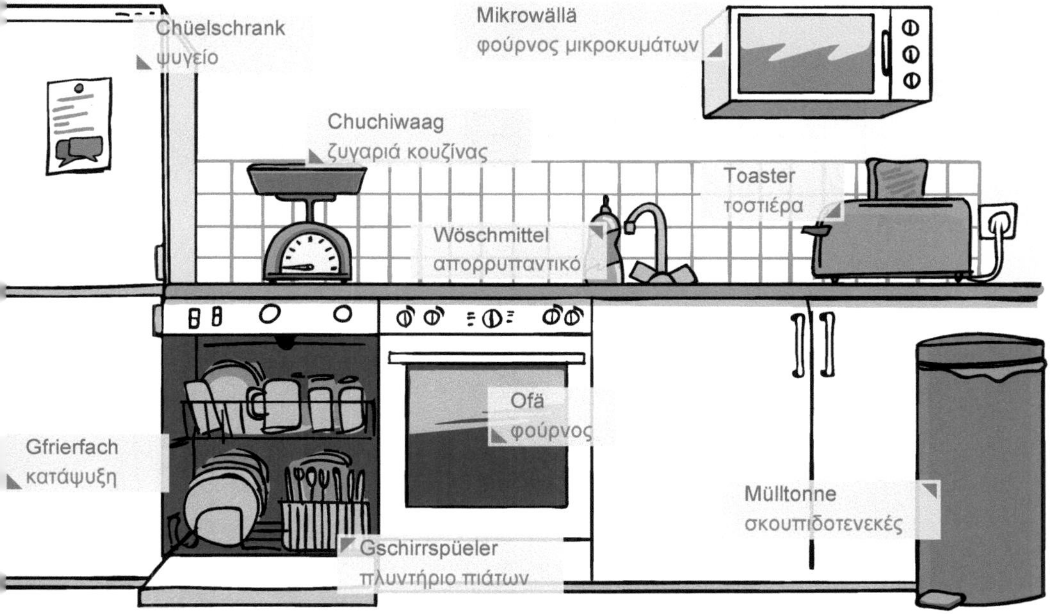
Chüelschrank
ψυγείο
Mikrowällä
φούρνος μικροκυμάτων
Chuchiwaag
ζυγαριά κουζίνας
Toaster
τοστιέρα
Wöschmittel
απορρυπαντικό
Ofä
φούρνος
Gfrierfach
κατάψυξη
Mülltonne
σκουπιδοτενεκές
Gschirrspüeler
πλυντήριο πιάτων

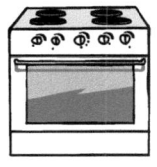

Härd
κουζίνα

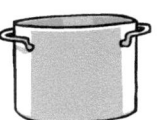

Topf
κατσαρόλα

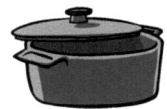

Iisetopf
μαντεμένια κατσαρόλα

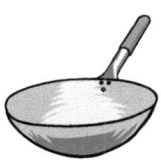

Wok / Kadai
γουόκ/καντάι

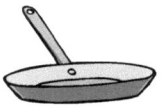

Pfanne
τηγάνι

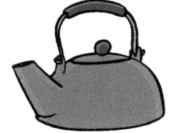

Wasserchocher
βραστήρας

Dampfer

ατμομάγειρας

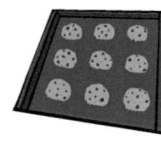

Bachbläch

ταψί

Gschirr

πιατικά

Bächer

κούπα

Schale

μπολ

Stäbli

ξυλάκια

Suppechellä

κουτάλα

Pfannewänder

σπάτουλα

Schneebäse

ανακατεύω

Sieb

σουρωτήρι

Sieb

σουρωτηράκι

Raffle

τρίφτης

Mörser

γουδί

Grill

ψησταριά

Füürstell

ανοιχτή φωτιά

Schniidbrätt

σανίδα κοπής

Nudelholz

πλάστης

Korkäzieher

ανοιχτήρι φελλών

Dosä

κονσέρβα

Dosäöffner

ανοιχτήρι κονσέρβας

Topflappä

γάντι φούρνου

Wöschbecki

νεροχύτης

Bürste

βούρτσα

Schwumm

σφουγγάρι

Mixer

μπλέντερ

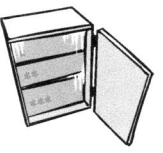

Gfrierschrank

καταψύκτης

Babyfläschli

μπιμπερό

Hahnä

βρύση

Badzimmer

μπάνιο

Heizig
θέρμανση
Handtuech
πετσέτα
Duschi
ντους
Duschvorhang
κουρτίνα ντουζ
Schumbad
αφρόλουτρο
Badwanne
μπανιέρα
Glas
ποτήρι
Wöschmaschine
πλυντήριο ρούχων
Hahnä
βρύση
Fliesä
πλακάκια
Töpfli
γιογιό
Wöschbecki
νεροχύτης

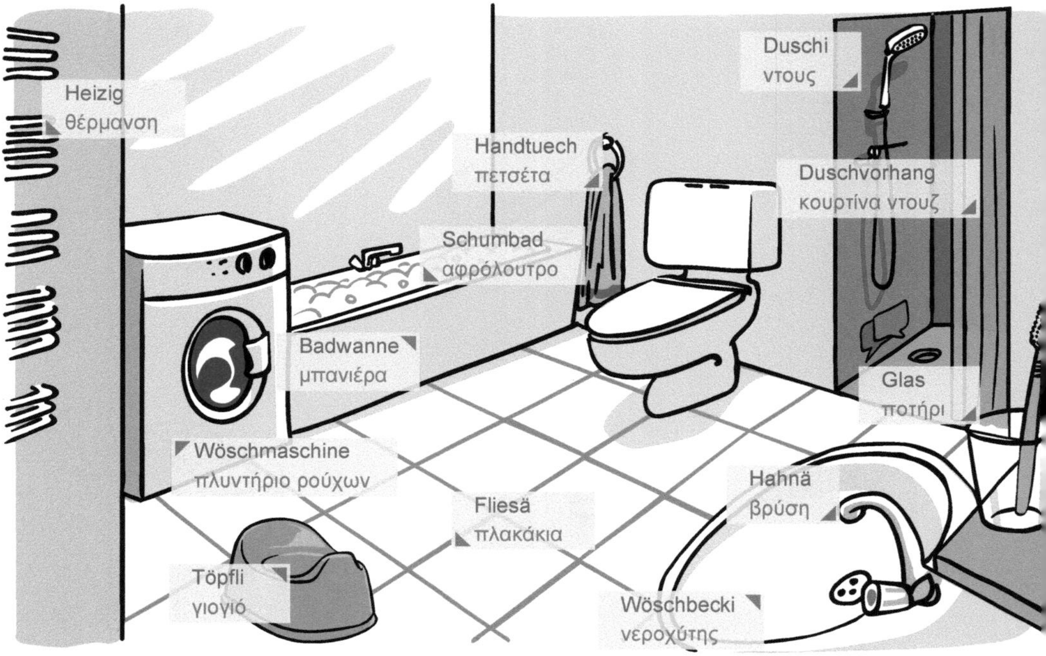

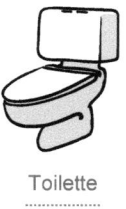

Toilette

τουαλέτα

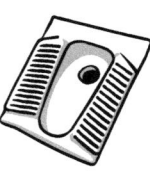

Plumpsklo

τούρκικη τουαλέτα

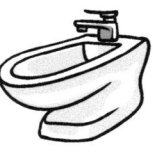

Bidet

μπιντές

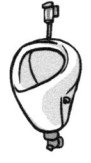

Pissoir

ουρητήριο

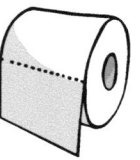

Toilettepapier

χαρτί υγείας

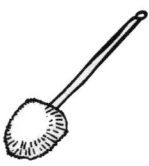

Toilettebürschteli

πιγκάλ

Zahbürstä

οδοντόβουρτσα

Zahpasta

οδοντόκρεμα

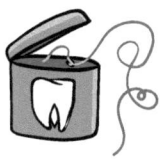

Zahnsiide

οδοντικό νήμα

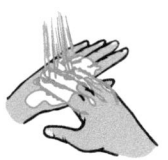

wäsche

πλένω

Handduschi

τηλέφωνο ντους

Intiimduschi

ντουσιέρα

Wöschbecki

λεκάνη

Ruggäbürste

βούρτσα πλάτης

Seifä

σαπούνι

Duschgel

αφρόλουτρο

Shampoo

σαμπουάν

Waschlappä

φανέλα

Abfluss

σιφόνι

Creme

κρέμα

Deo

αποσμητικό

Spiegel

καθρέφτης

Handspiegel

καθρέφτης χειρός

Rasierer

ξυραφάκι

Rasierschuum

αφρός ξυρίσματος

Aftershave

αφτερσέιβ

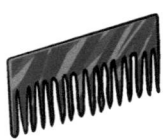

Schträäl

χτένα

Bürstä

βούρτσα

Föhn

σεσουάρ

Hoorspray

λακ

Makeup

μακιγιάζ

Lippestift

κραγιόν

Nagellack

βερνίκι νυχιών

Wattä

βαμβάκι

Nagelscher

ψαλίδι νυχιών

Parfum

άρωμα

Necessaire

νεσεσέρ

Schemel

σκαμπό

Waag

ζυγαριά

Badmantel

μπουρνούζι

Gummihändscheh

ελαστικά γάντια

Tampon

ταμπόν

Damebinde

πετσέτα υγιεινής

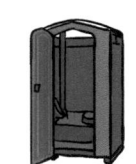

chemischi Toilette

χημική τουαλέτα

Chinderzimmer

παιδικό δωμάτιο

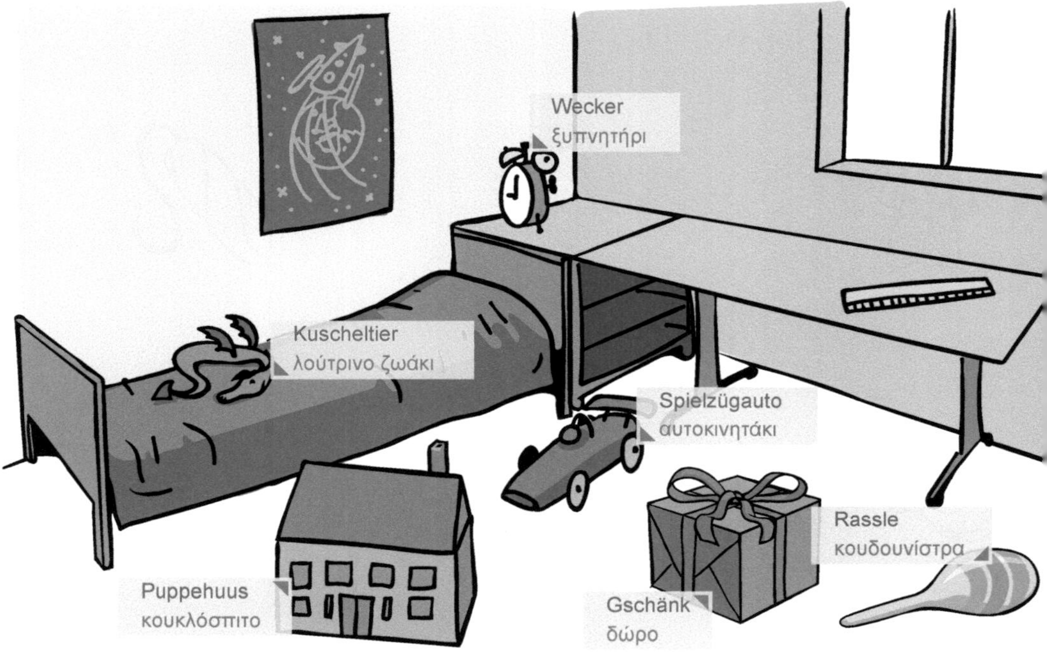

Wecker
ξυπνητήρι
Kuscheltier
λούτρινο ζωάκι
Spielzügauto
αυτοκινητάκι
Rassle
κουδουνίστρα
Puppehuus
κουκλόσπιτο
Gschänk
δώρο

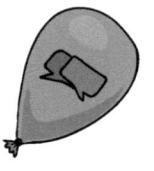

Ballon

μπαλόνι

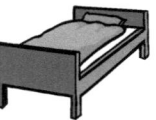

Bett

κρεβάτι

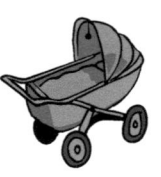

Chinderwage

καροτσάκι

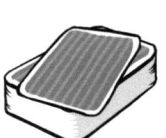

Chartespiel

τράπουλα

Puzzle

παζλ

SUPER
MEGA

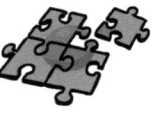

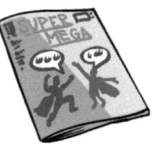

Comic

κόμικς

Legos

τουβλάκια lego

Baustei

τουβλάκια κατασκευών

Action Figur

φιγούρα δράσης

Strampli

βρεφικό φορμάκι

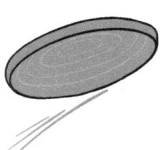

Frisbee

φρίσμπι

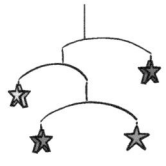

Mobile

μόμπιλο

Brättspiel

επιτραπέζιο παιχνίδι

Würfäl

ζάρια

Modellisebahn

σετ τρενάκι

Nuggi

πιπίλα

Party

πάρτι

Bilderbuch

εικονογραφημένο βιβλίο

Ball

μπάλα

Puppä

κούκλα

spiele

παίζω

Sandchaschte

σκάμμα με άμμο

Gigampfi

κούνια

Spielzüg

παιχνίδια

Videospielkonsole

κονσόλα βιντεοπαιχνιδιών

Dreirad

τρίκυκλο

Teddy

αρκουδάκι

Chleiderschrank

ντουλάπα

Chleidig

ρούχα

Sockä

κάλτσες

Strümpf

καλτσοδέτες

Strumpfhosä

καλσόν

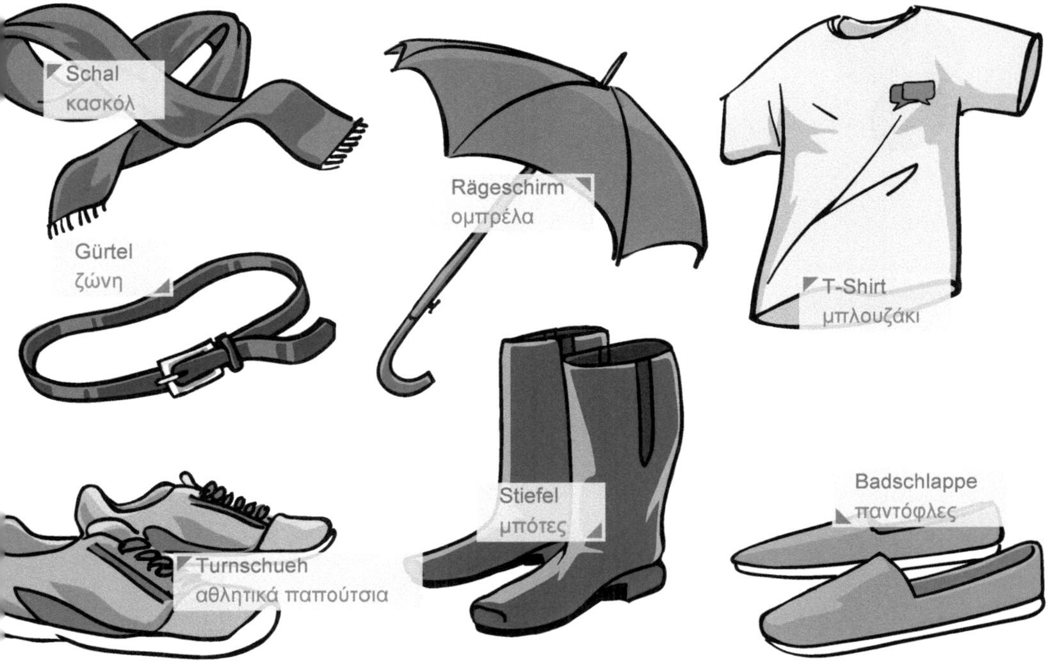

Schal
κασκόλ

Gürtel
ζώνη

Rägeschirm
ομπρέλα

T-Shirt
μπλουζάκι

Stiefel
μπότες

Badschlappe
παντόφλες

Turnschueh
αθλητικά παπούτσια

Sandalä
....
σανδάλια

Schueh
....
παπούτσια

Gummistiefel
....
γαλότσες

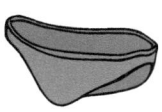

Untrhosä
....
εσώρουχο

BH
....
σουτιέν

Underlibli
....
φανέλα

Body

σώμα

Hosä

παντελόνι

Jeans

τζιν παντελόνι

Rock

φούστα

Bluse

μπλούζα

Hömli

πουκάμισο

Pulli

πουλόβερ

Kapuzepulli

πουλόβερ

Blazer

σακάκι

Jacke

μπουφάν

Mantel

παλτό

Rägämantel

αδιάβροχο πανωφόρι

Chostüm

κοστούμι

Chleid

φόρεμα

Hochziitskleid

νυφικό

Ahzug

κοστούμι

Nachthömli

νυχτικό

Pyjama

πιτζάμες

Sari

σάρι

Chopftuäch

μαντήλι

Turban

τουρμπάνι

Burka

μπούρκα

Kaftan

καφτάνι

Abaya

μουσουλμανικό ένδυμα

Badchleid

ολόσωμο μαγιό

Badhose

ανδρικό μαγιό

churzi Hosä

σορτς

Trainer

αθλητική φόρμα

Schürze

ποδιά

Händsche

γάντια

Chnopf

κουμπί

Brüllä

γυαλιά

Armband

βραχιόλι

Chetti

περιδέραιο

Ring

δαχτυλίδι

Ohrering

σκουλαρίκι

Chappe

καπέλο

Chleiderbügel

κρεμάστρα

Huet

καπέλο

Grawattä

γραβάτα

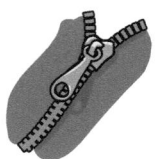

Riissverschluss

φερμουάρ

Helm

κράνος

Hosäträger

τιράντες

Schueluniform

μαθητική στολή

Uniform

στολή

Chleidig - ρούχα

Lätzli
....
σαλιάρα

Nuggi
....
πιπίλα

Windle
....
πάνα

Büro
γραφείο

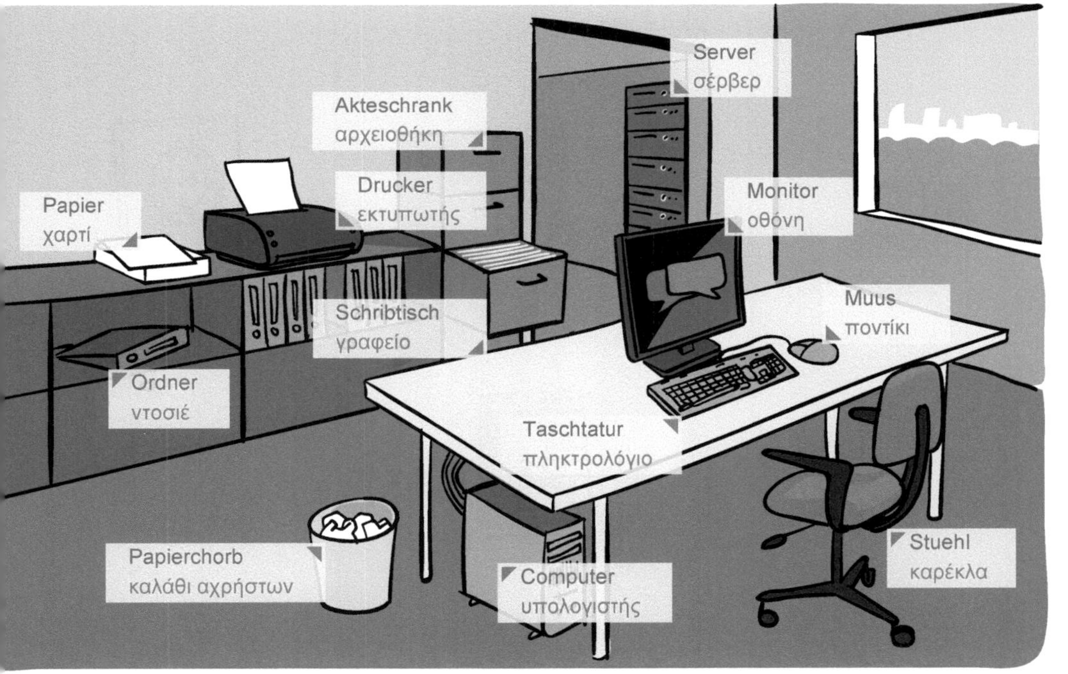

Server
σέρβερ

Akteschrank
αρχειοθήκη

Drucker
εκτυπωτής

Monitor
οθόνη

Papier
χαρτί

Schribtisch
γραφείο

Muus
ποντίκι

Ordner
ντοσιέ

Taschtatur
πληκτρολόγιο

Papierchorb
καλάθι αχρήστων

Stuehl
καρέκλα

Computer
υπολογιστής

Kafibächer
....
κούπα του καφέ

Tascherächner
....
κομπιουτεράκι

Internet
....
ίντερνετ

Laptop

λάπτοπ

Brief

γράμμα

Nochricht

μήνυμα

Mobiltelefon

κινητό

Netzwärk

δίκτυο

Kopierer

φωτοτυπικό μηχάνημα

Software

λογισμικό

Telefon

τηλέφωνο

Steckdosä

πρίζα

Fax

συσκευή φαξ

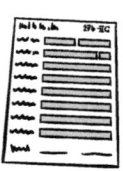

Formular

έντυπο

Dokumänt

έγγραφο

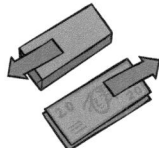

chaufe

αγοράζω

zahle

πληρώνω

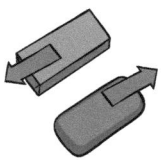

handle

συναλλάσσομαι

Gäld

χρήματα

Dollar

δολάριο

Euro

ευρώ

Yen

γιεν

Rubel

ρούβλι

Frankä

ελβετικό φράγκο

Renminbi Yuan

ρενμίνμπι γιουάν

Rupie

ρουπία

Gäldautomat

ATM (αυτόματη ταμειακή μηχανή)

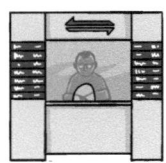		
Wächselstube ανταλλακτήρια συναλλάγματος	Gold χρυσός	Silber ασήμι

Öl πετρέλαιο	Energie ενέργεια	Priis τιμή
		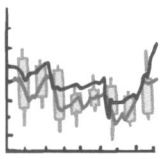
Vertrag συμβόλαιο	Stüür φόρος	Aktie μετοχή

schaffe δουλεύω	Mitarbeiter υπάλληλος	Arbeitgeber εργοδότης

Fabrik εργοστάσιο	Gschäft κατάστημα	

Brüef
επαγγέλματα

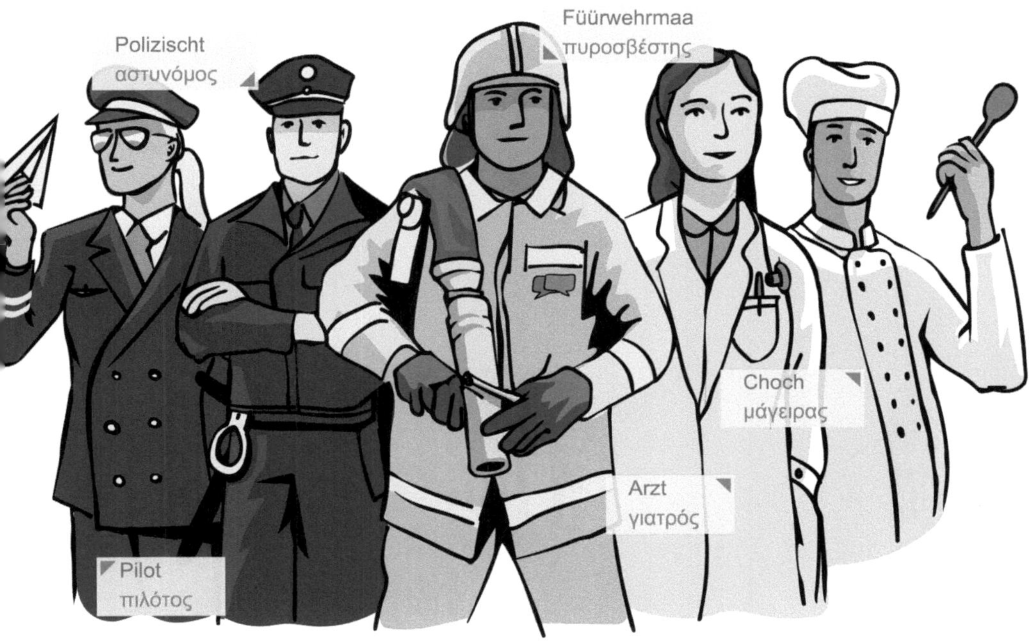
Polizischt
αστυνόμος
Füürwehrmaa
πυροσβέστης
Choch
μάγειρας
Arzt
γιατρός
Pilot
πιλότος

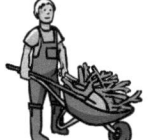

Gärtner

κηπουρός

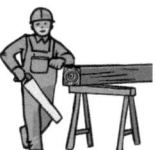

Zimmermah

ξυλουργός

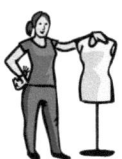

Näheri

μοδίστρα

Richter

δικαστής

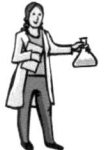

Chemiker

χημικός

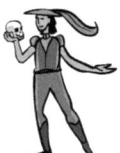

Darsteller

ηθοποιός

Busfahrer

οδηγός λεωφορείου

Taxifahrer

ταξιτζής

Fischer

ψαράς

Putzfrau

καθαρίστρια

Dachdecker

τεχνίτης στεγών

Chällner

σερβιτόρος

Jäger

κυνηγός

Moler

ζωγράφος

Bäcker

αρτοποιός

Elektriker

ηλεκτρολόγος

Bauarbeiter

οικοδόμος

Ingenieur

μηχανολόγος

Schlachter

κρεοπώλης

Klämpner

υδραυλικός

Pöschtler

ταχυδρόμος

Soldat

στρατιώτης

Architekt

αρχιτέκτονας

Kassierer

ταμίας

Florischt

ανθοπώλης

Frisör

κομμωτής

Kontrolleur

ελεγκτής εισιτηρίων

Mechaniker

μηχανικός

Kapitän

καπετάνιος

Zahnarzt

οδοντίατρος

Wüsseschaftler

επιστήμονας

Rabbi

ραβίνος

Imam

ιμάμης

Mönch

μοναχός

Pfarrer

ιερέας

Werkzüüg
εργαλεία

Zangä
πένσα
Hammer
σφυρί
Schruubedreier
κατσαβίδι
Taschelampä
φακός
Schrubeschlüssel
Γαλλικό κλειδί

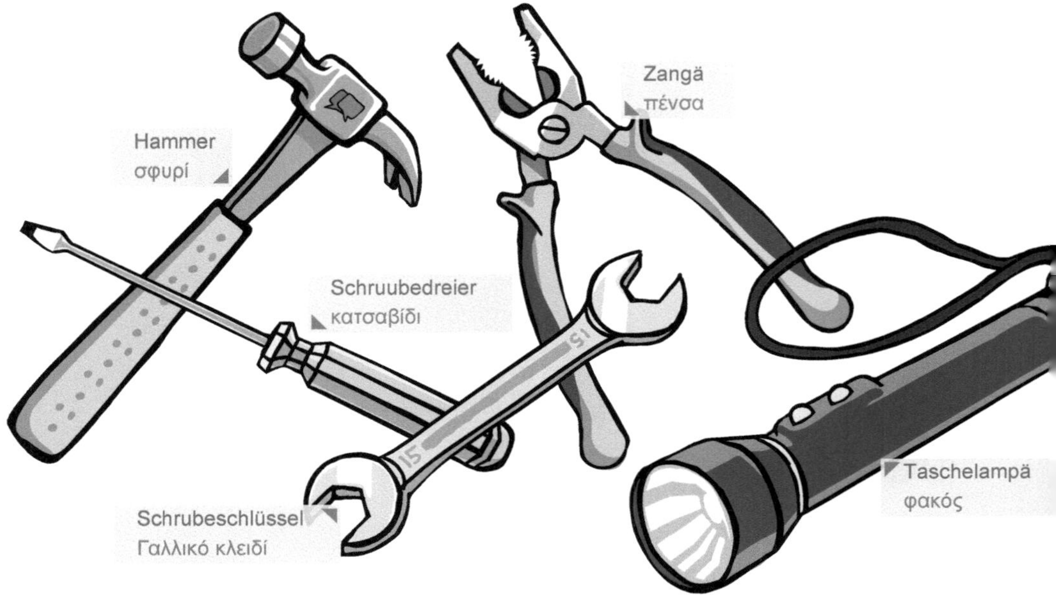

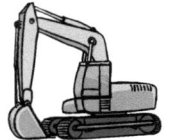

Bagger

εκσκαφέας

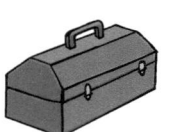

Werkzüügchaschte

εργαλειοθήκη

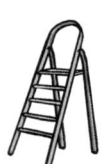

Leitere

σκάλα

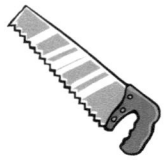

Sagi

πριόνι

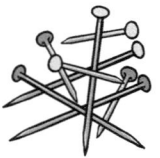

Negel

καρφιά

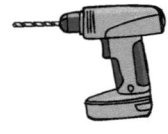

Bohrer

τρυπάνι

flicke

επισκευάζω

Schufle

φτυάρι

Mischt!

Να πάρει!

Ascheschufle

φαράσι

Farbchübel

δοχείο χρωμάτων

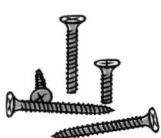

Schruube

βίδες

Musiginstrumänt
μουσικά όργανα

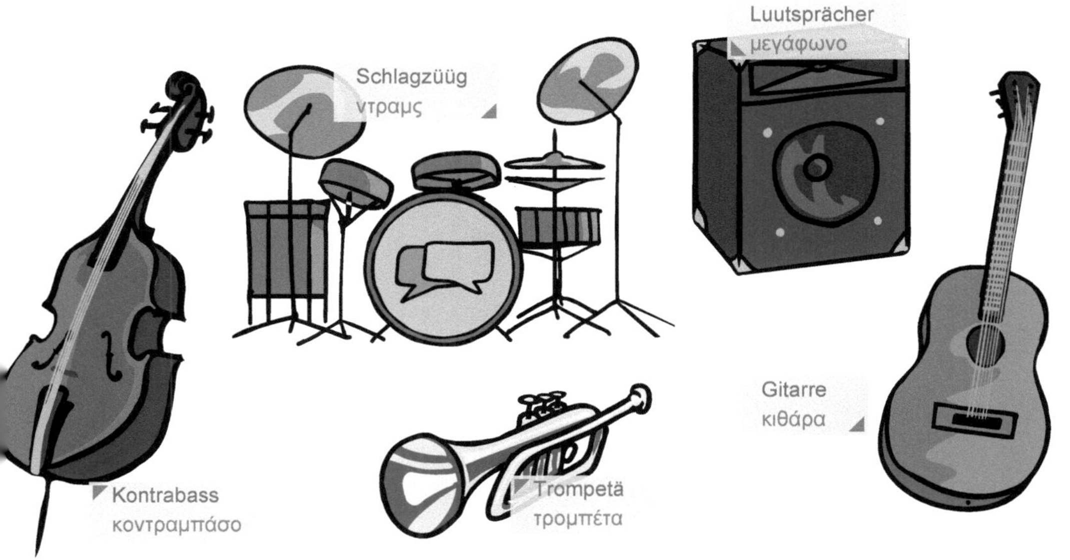

Luutsprächer
μεγάφωνο

Schlagzüüg
ντραμς

Gitarre
κιθάρα

Kontrabass
κοντραμπάσο

Trompetä
τρομπέτα

Klavier

πιάνο

Violine

βιολί

Bass

μπάσο

Pauke

τύμπανα

Trummle

τύμπανο

Keyboard

πλήκτρα

Saxophon

σαξόφωνο

Flöte

φλάουτο

Mikrofon

μικρόφωνο

Zolli
ζωολογικός κήπος

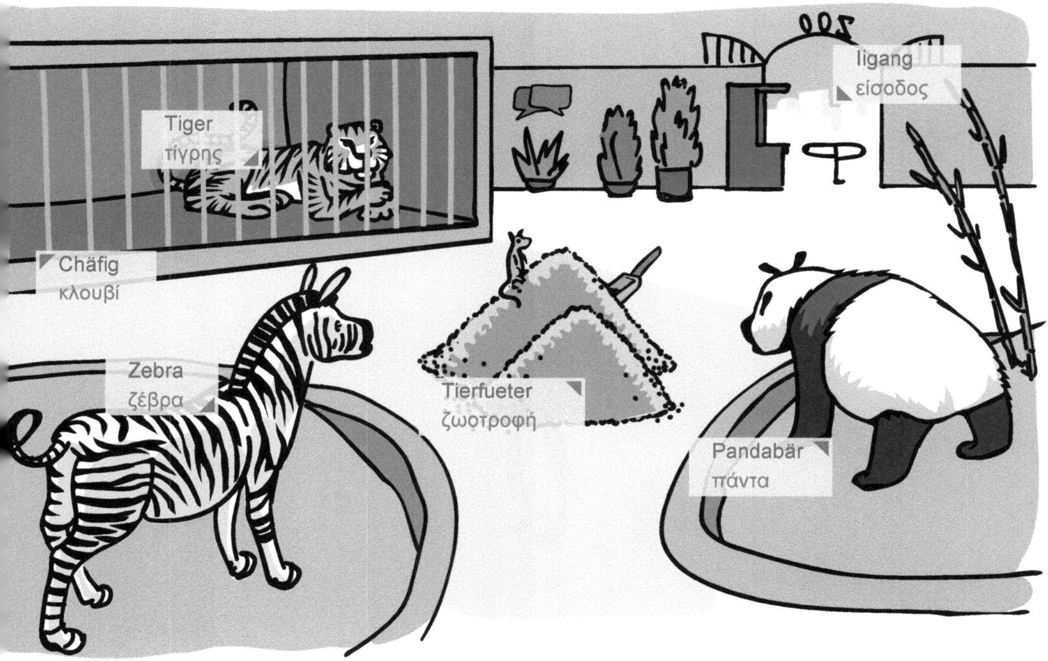

Tiger
τίγρης
ligang
είσοδος
Chäfig
κλουβί
Zebra
ζέβρα
Tierfueter
ζωοτροφή
Pandabär
πάντα

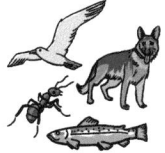

Tier

ζώα

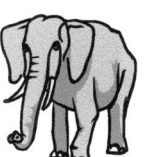

Elefant

ελέφαντας

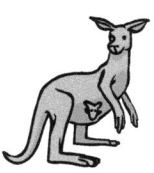

Känguru

καγκουρό

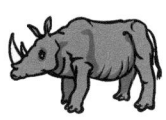

Nashorn

ρινόκερος

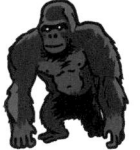

Gorilla

γορίλας

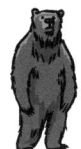

Bär

αρκούδα

Kamel

καμήλα

Struss

στρουθοκάμηλος

Leu

λιοντάρι

Aff

πίθηκος

Flamingo

φλαμίνγκο

Papagei

παπαγάλος

Iisbär

πολική αρκούδα

Pinguin

πιγκουίνος

Hai

καρχαρίας

Pfau

παγώνι

Schlangä

φίδι

Krokodil

κροκόδειλος

Zoowärter

φύλακας ζωολογικού κήπου

Robbä

φώκια

Jaguar

τζάγκουαρ

Pony

πόνυ

Leopard

λεοπάρδαλη

Nilpfärd

ιπποπόταμος

Giraff

καμηλοπάρδαλη

Adler

αετός

Wildschwein

αγριογούρουνο

Fisch

ψάρι

Schildkrot

χελώνα

Walross

θαλάσσιος ίππος

Fuchs

αλεπού

Gazelle

γαζέλα

American Football
Αμερικάνικο ποδόσφαιρο

Velofahre
ποδηλασία

Tennis
αντισφαίριση

Basketball
μπάσκετ

Schwümmä
κολύμβηση

Boxä
πυγχαμία

Iishockey
χόκεϋ επί πάγου

Fuessball
ποδόσφαιρο

Badminton
μπάντμιντον

Liechtathletik
στίβος

Handball
χάντμπολ

Skifahre
σκι

Polo
πόλο

Aktivitäte
δραστηριότητες

lachä
γελάω
springä
πηδάω
umarme
αγκαλιάζω
gah
περπατάω
singe
τραγουδάω
troime
ονειρεύομαι
bätte
προσεύχομαι
küssä
φιλάω

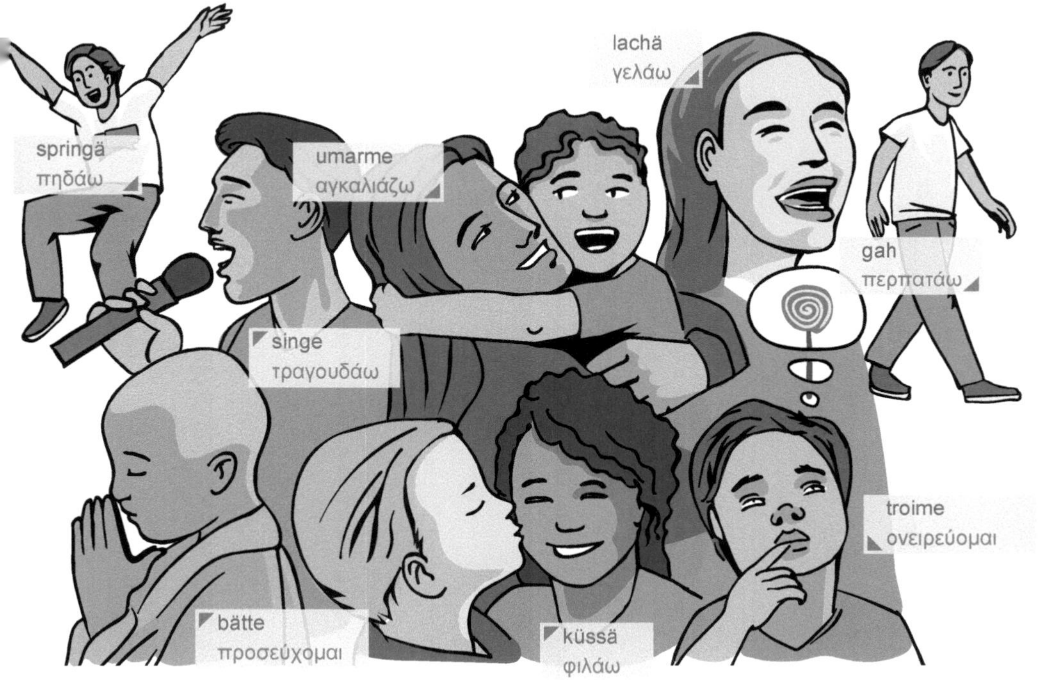

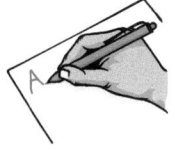

schribe
γράφω

zeichne
σχεδιάζω

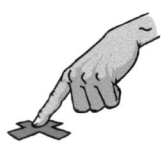

zeige
δείχνω

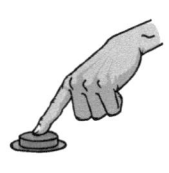

schiebe
πιέζω

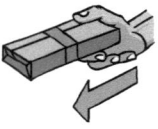

gäh
δίνω

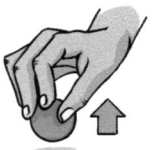

näh
παίρνω

händ
....
έχω

mache
....
κάνω

sy
....
είμαι

stah
....
στέκομαι

laufe
....
τρέχω

zieh
....
τραβάω

rüerä
....
ρίχνω

fallä
....
πέφτω

ligge
....
ξαπλώνω

warte
....
περιμένω

träge
....
κουβαλώ

sitze
....
κάθομαι

ahzieh
....
φοράω

schlafe
....
κοιμάμαι

ufwache
....
ξυπνάω

ahluege

κοιτάω

brüele

κλαίω

striichle

χαϊδεύω

bürste

χτενίζω

redä

μιλάω

verschtah

καταλαβαίνω

froog

ρωτάω

lose

ακούω

trinke

πίνω

ässe

τρώω

ufruume

συγυρίζω

liebe

αγαπάω

chochä

μαγειρεύω

fahre

οδηγώ

flüge

πετάω

segle

κάνω ιστιοπλοΐα

rächne

υπολογίζω

läse

διαβάζω

leerä

μαθαίνω

schaffe

δουλεύω

hürate

παντρεύομαι

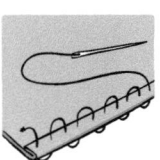

näije

ράβω

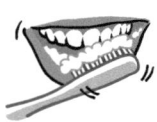

Zäh putze

βουρτσίζω τα δόντια

töte

σκοτώνω

schlootä

καπνίζω

sände

στέλνω

Grossmuetter
γιαγιά

Grossvater
παππούς

Vatter
πατέρας

Muetter
μητέρα

Baby
μωρό

Tochter
κόρη

Sohn
γιος

Gast

καλεσμένος

Tante

θεία

Unkel

θείος

Brüeder

αδελφός

Schwöschter

αδελφή

Körpär

σώμα

Stirn
μέτωπο
Aug
μάτι
Schultere
ώμος
Fingär
δάχτυλο
Gsicht
πρόσωπο
Chüni
πιγούνι
Hand
χέρι
Bei
πόδι
Bruscht
στήθος
Arm
βραχίονας

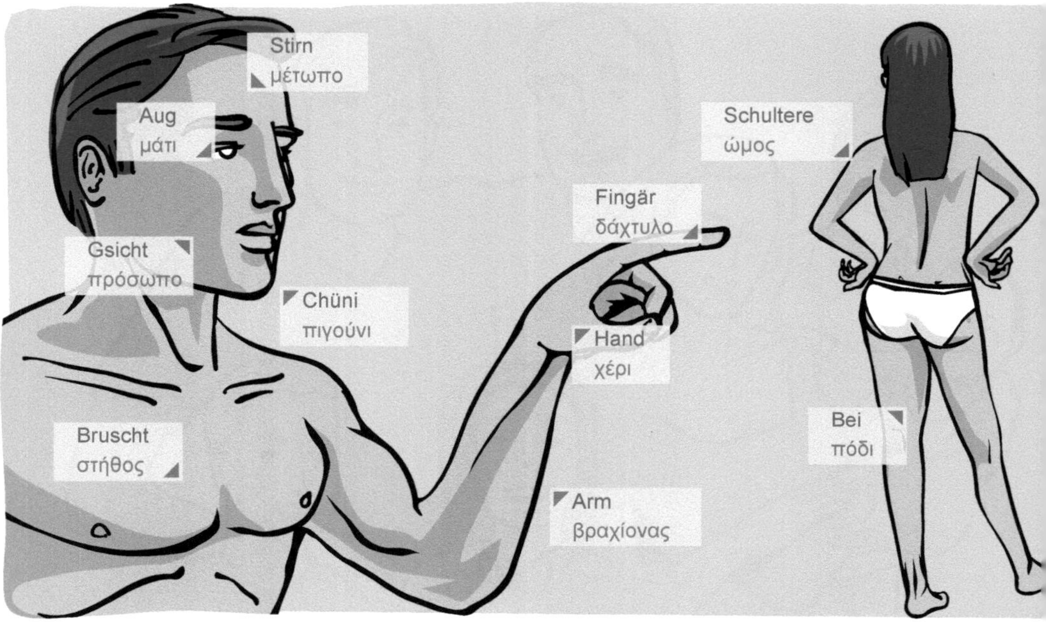

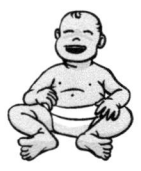

Baby

μωρό

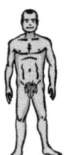

Mah

άνδρας

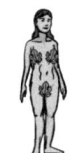

Frau

γυναίκα

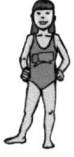

Meitli

κορίτσι

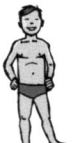

Bueb

αγόρι

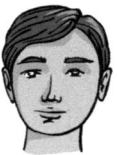

Chopf

κεφάλι

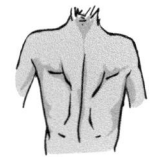

Ruggä

πλάτη

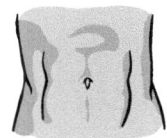

Buuch

κοιλιά

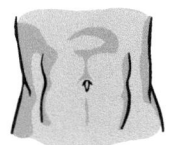

Buchnabel

αφαλός

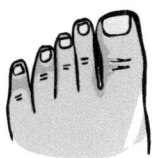

Zäche

δάχτυλο ποδιού

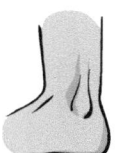

Fersä

φτέρνα

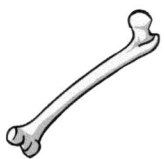

Knoche

κόκκαλο

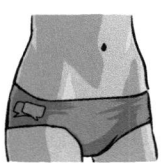

Hüfte

γοφός

Chnü

γόνατο

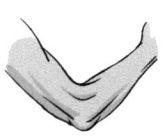

Ellbogä

αγκώνας

Nase

μύτη

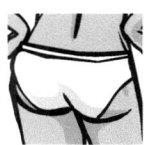

Füdli

γλουτός

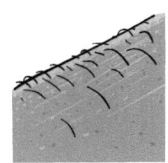

Hut

δέρμα

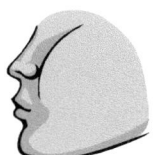

Bagge

μάγουλο

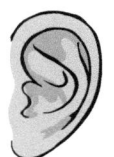

Ohr

αυτί

Lippe

χείλος

Körpär - σώμα

Muul

στόμα

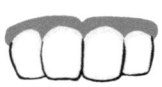

Zah

δόντι

Zungä

γλώσσα

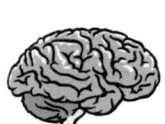

Hirni

εγκέφαλος

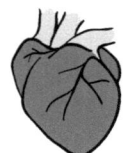

Härz

καρδιά

Muskel

μυς

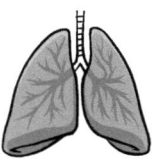

Lungä

πνεύμονας

Läberä

συκώτι

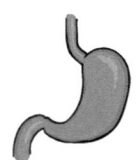

Magen

στομάχι

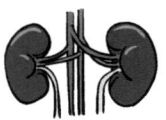

Nierä

νεφρά

Gschlächtsvrkehr

σεξουαλική επαφή

Kondom

προφυλακτικό

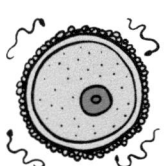

Eizälle

ωάριο

Soome

σπέρμα

Schwangerschaft

εγκυμοσύνη

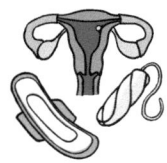

Menstruation

περίοδος

Vagina

γυναικείος κόλπος

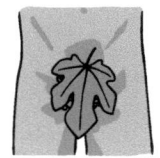

Penis

πέος

Augebrauä

φρύδι

Haar

μαλλιά

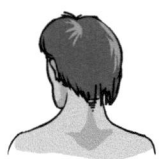

Hals

λαιμός

Spital
νοσοκομείο

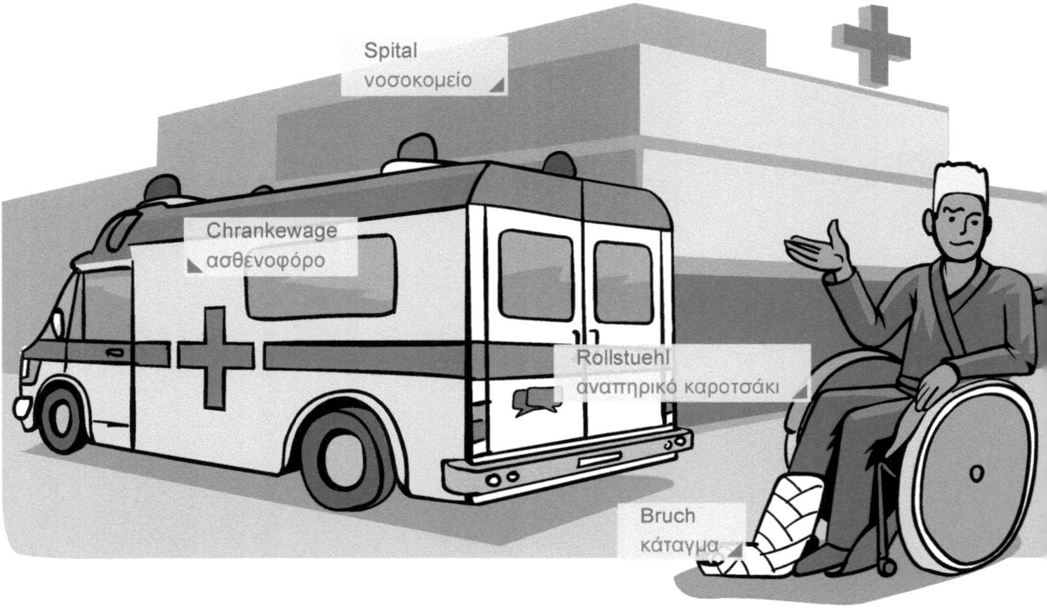

Spital
νοσοκομείο
Chrankewage
ασθενοφόρο
Rollstuehl
αναπηρικό καροτσάκι
Bruch
κάταγμα

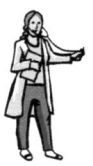

Arzt

γιατρός

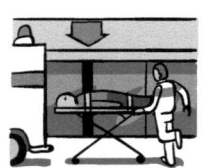

Notufnahm

μονάδα εντατικής θεραπείας

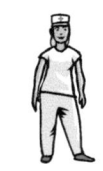

Chrankeschwöschter

νοσοκόμα

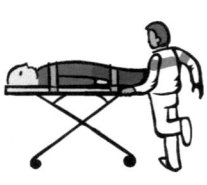

Notfall

έκτακτη ανάγκη

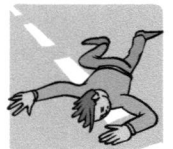

ohnmächtig

λιπόθυμος

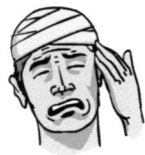

Schmärz

πόνος

Verletzig

τραύμα

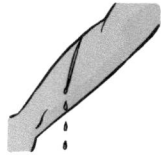

Bluätig

αιμορραγία

Härzinfarkt

έμφραγμα

Schlagahfall

εγκεφαλικό

Allergie

αλλεργία

Hueschtä

βήχας

Fieber

πυρετός

Grippe

γρίπη

Durchfall

διάρροια

Kopfschmärze

πονοκέφαλος

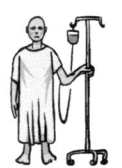

Kräbs

καρκίνος

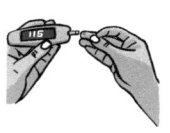

Diabetes

διαβήτης

Chirurg

χειρουργός

Skalpell

νυστέρι

Operation

εγχείρηση

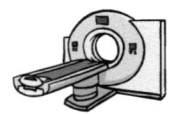

CT

αξονική τομογραφία

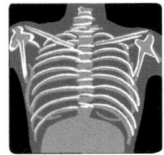

Röntgä

ακτινογραφία

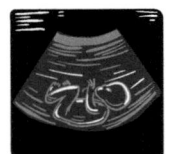

Ultraschall

υπέρηχος

Gsichtsmaske

μάσκα

Krankhet

ασθένεια

Wartezimmer

αίθουσα αναμονής

Krückä

πατερίτσα

Pflaster

χάνσαπλαστ

Vrband

επίδεσμος

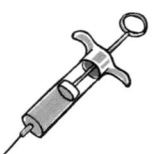

Injektion

ένεση

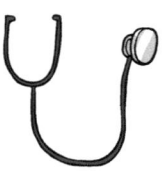

Stethoskop

στηθοσκόπιο

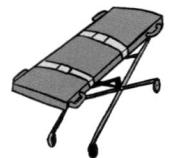

Trage

φορείο

Thermometer

θερμόμετρο

Geburt

γέννηση

Übergwicht

υπέρβαρο

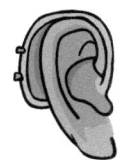

Hörgrät

ακουστικό βαρηκοΐας

Desinfektionsmittel

αντισηπτικό

Infektion

λοίμωξη

Virus

ιός

HIV / AIDS

HIV/AIDS

Medizin

φάρμακο

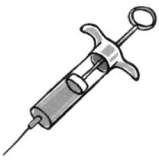

Impfig

εμβολιασμός

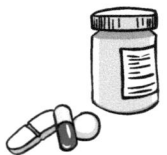

Tablette

δισκία

Pille

χάπι

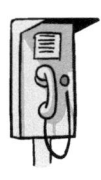

Notruef

κλήση έκτακτης ανάγκης

Bluetdruck-Mässgrät

πιεσόμετρο αίματος

chrank / gsund

άρρωστος / υγιής

Hiufe!

Βοήθεια!

Alarm

συναγερμός

Überfall

βιαιοπραγία

Ahgriff

επίθεση

Gfohr

κίνδυνος

Notuusgang

έξοδος κινδύνου

Füür!

Φωτιά!

Füürlöscher

πυροσβεστήρας

Unfall

ατύχημα

Ersti-Hilf-Koffer

κουτί πρώτων βοηθειών

SOS

SOS

Polizei

αστυνομία

Europa

Ευρώπη

Nordamerika

Βόρεια Αμερική

Südamerika

Νότια Αμερική

Afrika

Αφρική

Asie

Ασία

Auschtralie

Αυστραλία

Atlantik

Ατλαντικός Ωκεανός

Pazifik

Ειρηνικός Ωκεανός

Indische Ozean

Ινδικός Ωκεανός

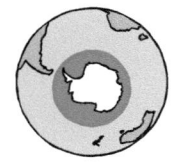

Antarktische Ozean

Ανταρκτικός Ωκεανός

Arktische Ozean

Αρκτικός Ωκεανός

Nordpol

Βόρειος Πόλος

Südpol

Νότιος Πόλος

Antarktis

Ανταρκτική

Ärde

Γη

Land

γη

Meer

θάλασσα

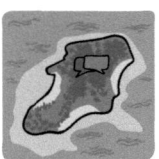

Inslä

νησί

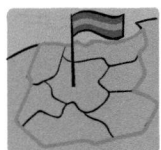

Nation

έθνος

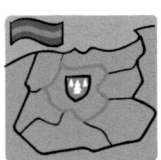

Staat

πολιτεία

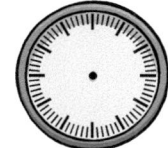

Ziffereblatt

καντράν ρολογιού

Stundezeiger

ωροδείκτης

Minutezeiger

λεπτοδείκτης

Sekundezeiger

δείκτης δευτερολέπτων

Wie spaht isch es?

Τι ώρα είναι;

Tag

ημέρα

Zit

χρόνος

jetzt

τώρα

Digitaluhr

ψηφιακό ρολόι

Minute

λεπτό

Stunde

ώρα

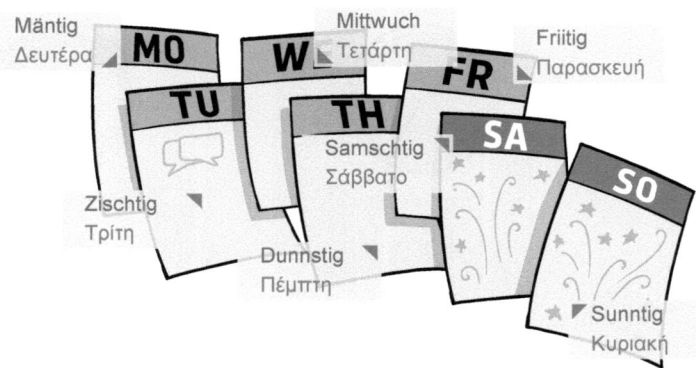

Mäntig
Δευτέρα

Mittwuch
Τετάρτη

Friitig
Παρασκευή

Zischtig
Τρίτη

Samschtig
Σάββατο

Dunnstig
Πέμπτη

Sunntig
Κυριακή

geschter

χθες

hüt

σήμερα

morn

αύριο

Morgä

πρωί

Mittag

μεσημέρι

Aabig

βράδυ

Wärktag

εργάσιμες ημέρες

Wuchenänd

Σαββατοκύριακο

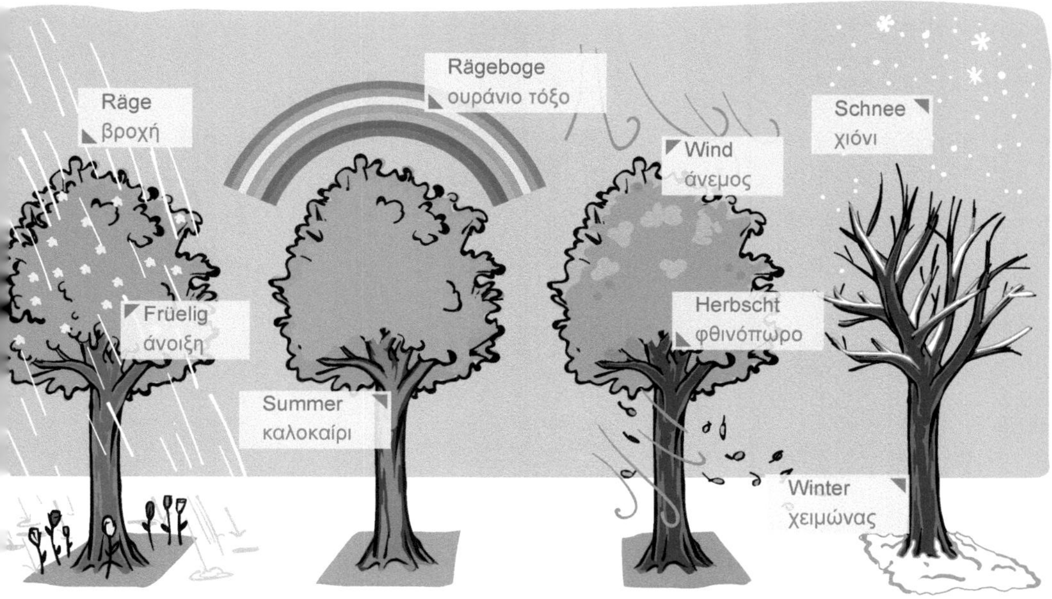

Räge
βροχή

Rägeboge
ουράνιο τόξο

Schnee
χιόνι

Wind
άνεμος

Früelig
άνοιξη

Herbscht
φθινόπωρο

Summer
καλοκαίρι

Winter
χειμώνας

4.APRIL	11°	
5.APRIL	4°	
6.APRIL	13°	
7.APRIL	8°	
8.APRIL	10°	

Wättervorhärsag

πρόγνωση καιρού

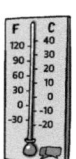

Thermometer

θερμόμετρο

Sunneschiin

λιακάδα

Wolkä

σύννεφο

Näbel

ομίχλη

Fiechtigkeit

υγρασία

Blitz

αστραπή

Dunner

κεραυνός

Sturm

καταιγίδα

Hagel

χαλάζι

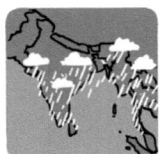

Monsun

μουσώνας

Fluet

πλημμύρα

Iis

πάγος

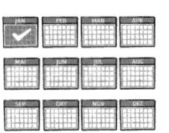

Januar

Ιανουάριος

Februar

Φεβρουάριος

März

Μάρτιος

April

Απρίλιος

Mai

Μάιος

Juni

Ιούνιος

Juli

Ιούλιος

Auguscht

Αύγουστος

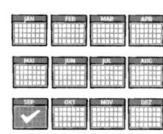

Septämber
....
Σεπτέμβριος

Oktober
....
Οκτώβριος

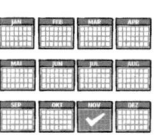

Novämber
....
Νοέμβριος

Dezämber
....
Δεκέμβριος

Forme
σχήματα

Kreis
....
κύκλος

Quadrat
....
τετράγωνο

Rächteck
....
ορθογώνιο
παραλληλόγραμμο

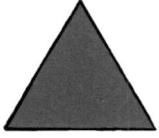

Dreieck
....
τρίγωνο

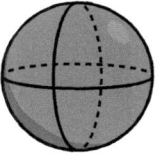

Chugele
....
σφαίρα

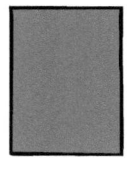

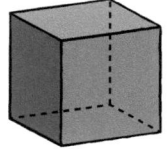

Würfel
....
κύβος

wiss

άσπρο

gäl

κίτρινο

orange

πορτοκαλί

pink

ροζ

rot

κόκκινο

liila

μωβ

blau

μπλε

grüen

πράσινο

bruun

καφέ

grau

γκρι

schwarz

μαύρο

viel / wenig

πολύ / λίγο

hässig / ruhig

θυμωμένος / ήρεμος

hübsch / hässlich

όμορφος / άσχημος

Ahfang / Ändi

αρχή / τέλος

gross / chli

μεγάλος / μικρός

hell / dunkel

φωτεινός / σκοτεινός

Brüeder / Schwöschter

αδελφός / αδελφή

suuber / dräckig

καθαρός / λερωμένος

vollständig / unvollständig

πλήρης / ατελής

Tag / Nacht

ημέρα / νύχτα

tot / läbig

νεκρός / ζωντανός

breit / schmal

φαρδύς / στενός

ässbar / nid ässbar

βρώσιμος / μη βρώσιμος

bös / fründlich

κακός / ευγενικός

uffreggt / glangwilt

ενθουσιασμένος /
βαριεστημένος

dick / dünn

παχύς / λεπτός

zerscht / zletscht

πρώτος / τελευταίος

Fründ / Find

φίλος / εχθρός

voll / läär

γεμάτος / άδειος

hart / weich

σκληρός / μαλακός

schwer / liecht

βαρύς / ελαφρύς

Hunger / Durscht

πείνα / δίψα

chrank / gsund

άρρωστος / υγιής

illegal / legal

παράνομος / νόμιμος

intelligänt / gatz

έξυπνος / χαζός

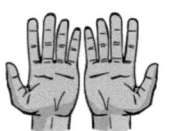

links / rächts

αριστερός / δεξιός

nöch / wiit weg

κοντινός / μακρινός

neu / bruucht

καινούριος / μεταχειρισμένος

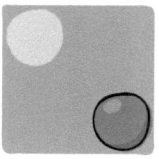

nüt / öpis

τίποτα / κάτι

alt / jung

γέρος | νέος

ah / uss

αναμμένος / σβηστός

offe / zue

ανοιχτός / κλειστός

lislig / luut

χαμηλόφωνος / μεγαλόφωνος

riich / arm

πλούσιος / φτωχός

richtig / falsch

σωστός / λανθασμένος

rau / glatt

τραχύς / λείος

truurig / glücklich

Λυπημένος / χαρούμενος

churz / lang

κοντός / μακρύς

langsam / schnäll

αργός / γρήγορος

nass / trochä

υγρός / στεγνός

warm / chalt

ζεστός / δροσερός

Chrieg / Friede

πόλεμος / ειρήνη

0

Null

μηδέν

1

eis

ένα

2

zwei

δύο

3

drü

τρία

4

vier

τέσσερα

5

foif

πέντε

6

sächs

έξι

7

sibe

εφτά

8

acht

οκτώ

9

nün

εννιά

10

zäh

δέκα

11

elf

έντεκα

12
zwölf
δώδεκα

13
drizäh
δεκατρία

14
vierzäh
δεκατέσσερα

15
füfzäh
δεκαπέντε

16
sächzäh
δεκαέξι

17
siebzäh
δεκαεφτά

18
achtzäh
δεκαοκτώ

19
nünzäh
δεκαεννέα

20
zwänzg
είκοσι

100
Hundert
εκατό

1.000
Tuusig
χίλια

1.000.000
Million
εκατομμύριο

Änglisch

Αγγλικά

Amerikanischs Änglisch

Αμερικάνικα Αγγλικά

Chinesisch Mandarin

Μανδαρίνικα Κινέζικα

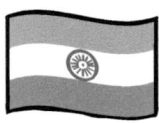

Hindi

Χίντι

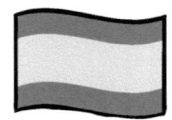

Spanisch

Ισπανικά

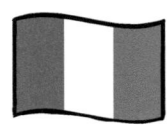

Französisch

Γαλλικά

Arabisch

Αραβικά

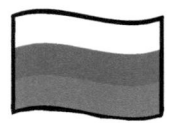

Russisch

Ρώσικα

Portugiesisch

Πορτογαλικά

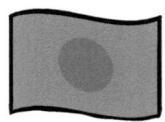

Bengalisch

Μπενγκάλι

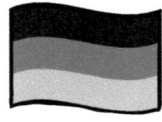

Dütsch

Γερμανικά

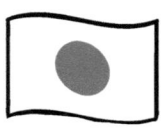

Japanisch

Ιαπωνικά

ich

εγώ

du

εσύ

är / sie / es

αυτός / αυτή / αυτό

mir

εμείς

ihr

εσείς

sie

αυτοί / αυτές / αυτά

wär?

ποιος / ποια / ποιο;

was?

τι;

wie?

πώς;

wo?

πού;

wänn?

πότε;

HELLO, I AM

Name

όνομα

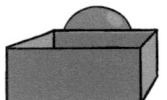

hinder
....
πίσω

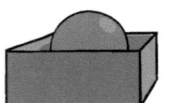

in
....
μέσα

vor
....
μπροστά

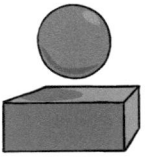

über
....
πάνω από

uf
....
πάνω

under
....
κάτω

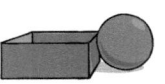

näbe
....
δίπλα

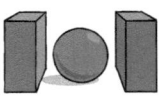

zwüsche
....
ανάμεσα

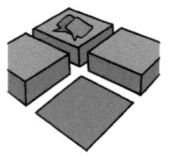

Ort
....
μέρος